Knaur

D1668505

In gleicher Ausstattung sind erschienen:

Oberfies! Schülersprüche & Schülerwitze
Endgeil! Witze, so scharf wie eine Chilischote
Supercool! Die frechsten Sprüche für jede
Gelegenheit

Raben schwarz!

Böse Witze zum Totlachen

Knaur

Besuchen Sie uns im Internet:
www.droemer-knaur.de

Originalausgabe April 2000
Copyright © 2000 bei Droemersche
Verlagsanstalt Th. Knaur Nachf., München
Alle Rechte vorbehalten. Das Werk darf – auch
teilweise – nur mit Genehmigung des Verlags
wiedergegeben werden.
Umschlaggestaltung: INIT, Bielefeld
Umschlagabbildung: Mauritius, Mittenwald
Satz: QuarkXPress im Verlag
Druck und Bindung: Clausen und Bosse, Leck
Printed in Germany
ISBN 3-426-72843-5

5 4 3 2 1

Böse Witze zum Totlachen

Ralf kommt zu seiner Frau in die Küche:
»Aber Liebling, an deinem Geburtstag
brauchst du doch nicht zu spülen – mach
es einfach morgen!«

**Eine ältere Dame kommt in eine Zoo-
handlung und schaut sich die Tiere an.
Vor dem Papageienkäfig bleibt sie stehen und fragt: »Na, du kleiner bunter
Vogel, kannst du auch sprechen?«
Darauf der Papagei: »Na, du alte
graue Krähe, kannst du auch fliegen?«**

»Mami, ich bin jetzt vierzehn Jahre alt, darf
ich jetzt endlich einen BH tragen?«
»Nein, Klaus!«

Ein Mann kommt in eine Bar und bestellt zwei Whisky. Der Barkeeper fragt: »Wollen Sie beide Whisky gleichzeitig oder nacheinander?« Der Mann antwortet: »Oh, ich möchte beide sofort. Ein Whisky ist für mich, und der andere für diesen kleinen Kerl.«

Er zieht aus seiner Tasche ein 5 cm großes Männchen hervor. Der Barkeeper ist verblüfft: »Kann er denn überhaupt trinken?« »Natürlich kann er trinken«, antwortet der Mann, und das Männchen trinkt tatsächlich den Whisky in einem Zug aus. Der Barkeeper kann es kaum fassen: »Was kann er sonst noch tun? Kann er gehen?« »Natürlich kann er gehen«, antwortet der Mann. Er wirft eine Münze ans andere Ende des Tresens und sagt: »Harry, hol mir die Münze!« Der kleine Mann rennt ans andere Ende des Tresens, hebt die Münze auf und bringt sie zurück. Der Barkeeper ist begeistert. »Das ist unglaublich! Was kann er sonst noch tun? Kann er auch sprechen?«

»Natürlich kann er sprechen. Harry, erzähl doch mal die Geschichte, als wir zusammen in Afrika auf der Jagd waren und du diesen Medizinmann einen Quacksalber genannt hast!«

☺☺☺

Die Mutter ist in der Küche, als sie lautes Geschrei aus dem Bad hört. Sie läuft hin und sieht, wie ihr Mann das Baby an den Ohren durch das Wasser zieht.
Sie: »Bist du verrückt – was soll das?«
Er: »Soll ich mir etwa die Hände verbrühen?«

☺☺☺

Was sagt ein Physiker ohne Arbeit zu einem Physiker mit Arbeit? »Einmal Currywurst mit Pommes frites, bitte.«

Ein Betrunkener ist nachts auf dem Weg nach Hause und torkelt gegen eine Litfaßsäule. Er bleibt stehen, tastet nach beiden Seiten die Litfaßsäule ab, geht rechts herum, tastet und tastet, geht links herum und tastet wieder. Plötzlich bricht er verzweifelt zusammen und heult: »O Gott, man hat mich eingemauert!«

Ein Großvater geht mit seinem Enkel im Wald spazieren und sagt: »Nun sieh dir doch nur diese Natur an, die grünen Bäume und die saftigen Wiesen.« Beschwingt knickt er einen Grashalm ab und kaut auf ihm herum. Fragt der Enkel: »Opa, bekommen wir jetzt ein neues Auto?« »Wie kommst du denn jetzt auf diese Idee?«
»Na, weil Papa gesagt hat, wenn Opa ins Gras beißt, bekommen wir ein neues Auto!«

Das Kind sitzt in der Badewanne, die
Mutter kommt herein:
»Mama, wo ist denn der Waschlappen?«
»Ach, der ist nur mal kurz weg, Zigaretten
kaufen.«

Ein Fünfzigjähriger will ein zwanzigjähriges
Mädchen heiraten. Sein guter Freund rät
ihm ab: »Bedenke doch mal: Nach zehn
Jahren bist du sechzig und sie dreißig.
Nach weiteren zehn Jahren bist du siebzig
und sie vierzig – Na? Was willst du mit so
einer alten Frau?«

Eine Frau spricht mit ihrem Arzt:
»Herr Doktor, ich habe einen Knoten
in der Brust.«
»So? Wer macht denn so etwas?«

Ein Anruf vom Tierarzt: »Ihre Frau ist mit Ihrer Katze da und bat mich, sie einzuschläfern. Ist das in Ordnung?«
»Klar, und die Katze können Sie danach einfach auf die Straße setzen, sie kennt den Weg.«

»Ich kündige meinem Chauffeur! Er hat mich schon dreimal in Lebensgefahr gebracht!« tobt der Geschäftsführer.
»Aber Schatz«, bemerkt seine Frau, »eine Chance kannst du ihm doch noch geben …«

»Wenn ich sterbe, dann will ich friedlich gehen, so wie einst mein Großvater im Schlaf … und nicht laut kreischend, wie die anderen Leute in seinem Wagen.«

Ein Mann steht im Freibad am Becken-
rand und ruft: »Das gibt es doch
nicht!« Einige Minuten später: »Das ist
ja unglaublich!«
Der Bademeister erkundigt sich, was
los ist.
»Herr Bademeister, das können Sie
sich nicht vorstellen: Gestern hat
meine Frau schwimmen gelernt, und
heute taucht sie schon eine halbe
Stunde!«

Eine Frau und ein Mann wechseln heiße
Blicke in einem Aufzug. Sie haucht: »Los,
mach, daß ich mich wie eine Frau fühle!«
Er überlegt kurz, knöpft dann sein Hemd
auf und wirft es auf den Boden: »Hier!
Waschen und bügeln!«

Steward zum Kapitän: »Herr Kapitän, wir haben einen blinden Passagier an Bord. Was sollen wir mit ihm machen?«
Kapitän: »Werfen Sie ihn sofort über Bord!«
10 Minuten später: »Und was machen wir jetzt mit dem Hund …?«

☺☺☺

»Mami, ich bin fertig mit staubsaugen.«
»Prima, mein Kind. Aber denk bitte daran, den Stecker von Opas Herz-Lungen-Maschine wieder einzustecken.«

☺☺☺

»Sie waren in Ägypten und haben noch nicht einmal die Pyramiden gesehen?« – »Leider nein, die traten damals woanders auf!«

Ein Mann läuft am Fluß entlang und fragt einen Angler: »Ist meine Frau hier vorbeigekommen? Sie ist blond und trägt ein rotes Kleid.« »Ja«, sagt der Angler, »vor ein paar Minuten.«
»Gott sei Dank, dann kann sie ja noch nicht so weit sein!«
»Das glaube ich auch nicht! Bei der schwachen Strömung!«

Anruf beim Bahnwart:
»Achtung, da liegt ein Gleis auf dem Damm!«
»Na, das wollen wir doch auch hoffen!«
Eine Viertelstunde später wieder ein Anruf:
»Jetzt haben sie den alten Mann totgefahlen! …«

Der Arzt ist nach der Untersuchung mit seinem Patienten sehr zufrieden und meint: »Und mit dem Sex klappt es doch sicher auch gut.« Antwortet der Patient: »Na, so dreimal in der Woche geht es schon.«

»Was? Bei Ihrer Konstitution müßte es aber dreimal am Tag funktionieren.«

»Ich tue ja mein Bestes, aber als katholischer Priester auf dem Land ist das gar nicht so einfach.«

Ein junger Mann unterhält sich mit dem Vater seiner Angebeteten:
»Wenn ich Geld gespart habe, heirate ich Ihre Tochter!«
Daraufhin zückt der Vater die Börse:
»Hier haben Sie schon mal 100 Mark!«

Eine Wahrsagerin prophezeit der Ehefrau: »Morgen stirbt Ihr Mann ganz plötzlich.«
»Das weiß ich«, antwortet die Frau, »mich interessiert nur, ob ich freigesprochen werde.«

☺☺☺

Was denkt eine Blondine, wenn sie in zehn Metern Entfernung eine Bananenschale auf der Straße liegen sieht?
»Mist, gleich flieg' ich hin!«

☺☺☺

Mutter: »Kevin, was hat da eben so gekracht?«
Kevin: »Da wollte ein Auto in eine Seitenstraße abbiegen.«
Mutter: »Aber das macht doch nicht so einen Krach!«
Kevin: »Da war ja auch keine Seitenstraße!«

Zwei Statuen stehen seit über 20 Jahren im Park. Da kommt eine gute Fee vorbei, macht sich einen Spaß und sagt zu beiden: »Ihr könnt euch jetzt für zwei Minuten frei bewegen. Macht, was ihr wollt.«
Die beiden laufen auf dem schnellsten Weg ins Gebüsch, die Fee wartet. Nach einer Minute möchte sie aber doch wissen, was denn im Gebüsch passiert. Sie schleicht sich heran und sieht, wie eine Statue eine Taube in der Hand hält und zu der anderen Statue sagt:
»Du hältst die Taube fest, und ich mache ihr auf den Kopf!«

☺☺☺

Zwei Bauarbeiter treten sich gegenseitig zwischen die Beine. Da kommt ein Passant vorbei und fragt völlig entsetzt: »Sagen Sie mal, tut das denn nicht weh?« Sagt einer der Bauarbeiter: »Nein, wieso? Wir haben doch Sicherheitsschuhe an.«

Ein Bauer geht mit seiner Frau von der Kirche nach Hause. Unterwegs bricht ein Gewitter los. Plötzlich schlägt ein Blitz links neben der Bäuerin ein. Darauf der Bauer: »Na!«
Ein paar Sekunden später schlägt ein Blitz rechts neben ihr ein. Der Bauer: »Na!« Der dritte Blitz trifft die Bäuerin genau. Der Bauer trocken: »Na also!«

»Sag mal Liebling, wir sind jetzt schon 15 Jahre verlobt – meinst du nicht, wir sollten nun heiraten?«
»Du hast schon recht – aber wer nimmt uns jetzt noch?«

»Welche Frauen magst du lieber – die, die viel reden oder die anderen?«
»Welche anderen?«

Jesus und Petrus spielen Golf. Petrus schlägt als erster, beim ersten Schlag sofort ins Grün, mit dem zweiten Schlag locht er ein. Jesus schlägt und trifft sofort beim ersten Schlag. Petrus ist beeindruckt. Da kommt ein alter Mann angehumpelt, läßt den Ball fallen und trifft beim Abschlag mehr schlecht als recht. Der Ball landet irgendwo im Gebüsch. Doch überraschend kommt ein Eichhörnchen aus dem Gebüsch heraus und trägt den Golfball im Maul. Da stürzt sich ein Adler auf das Eichhörnchen und fliegt davon. Plötzlich zuckt aus heiterem Himmel ein Blitz hervor und trifft den Adler. Der stürzt ab, verliert das Eichhörnchen, das wiederum läßt den Ball fallen, der ohne weiteres ins Loch rollt.
Jesus: »Mensch Papa, spielen wir hier Golf oder machen wir Blödsinn?«

Bauer Hansen muß eine Landmaschinen-
ausstellung besuchen. Für diese Zeit über-
trägt er seinem Knecht das Kommando.
Als Hansen nach drei Tagen zurückkehrt,
begegnet ihm der Knecht schon an der
Hofeinfahrt. »Na, Bauer Hansen, wie
war's?«

»Ganz nett, und hier, ist was besonderes
passiert?«

»Nö, Chef.«

»Was hast du denn da auf dem Hand-
wagen?«

»Och, nur ein paar tote Schweine, Chef!«

»Was, wie ist das denn passiert?«

»Die sind verkohlt, weil sie doch in der
Scheune gestanden sind!«

»Ja, wie das denn?«

»Jo, weil die Scheune doch abgefackelt
ist!«

»Wieso das denn?«

»Jo, die Flammen sind übergeschlagen,
vom Wohnhaus!«

»Was, das Haus hat gebrannt? Wieso das
denn?«

»Die Kerzen sind umgefallen!«

»Was denn für Kerzen?«

»Die vom Sarg!«

»Wie, hat es etwa unsere Oma erwischt?«

»Nein, Chef, Ihre Frau!«

»Wie das denn?«

»Sie ist von der Leiter gefallen!«

»Wieso das denn?«

»Die war besoffen!«

»Ja, die war doch immer besoffen!«

»Jo, Chef, ich sage doch, nix Besonderes passiert!«

☺☺☺

Der Simulant von Zimmer 12 ist tot. Darauf der Arzt: »Jetzt übertreibt er aber.«

☺☺☺

»Schatz, stimmt es, daß Nagetiere dumm und gefräßig sind?«

»Aber sicher, Mäuschen.«

»Moment mal, Herr Pfarrer«, sagt Stefan vor dem Traualtar und wird bleich, »für wie lange?«

Zwei betrunkene Männer stehen auf einem Hochhaus. Sagt der eine: »Ich springe jetzt hier herunter, und kurz vor dem Boden schwebe ich in die Kneipe im 1. Stock.«
Gesagt, getan ... Der Mann schwebt unten in die Kneipe und geht wieder hoch. Dort ermutigt er den anderen Mann, es auch einmal zu versuchen. Nach einer Weile springt er auch, schafft es natürlich nicht und stirbt unter Schmerzen. Der Übriggebliebene springt hinterher und schwebt wieder in die Kneipe – und der Wirt sagt: »Mensch, Batman, wenn du betrunken bist, kannst du ziemlich gemein sein.«

Dem Bauern Huber hat der Vertreter eine Motorsäge aufgeschwatzt und dieses Wunder der Technik in den höchsten Tönen gepriesen. Wütend kreuzt der Bauer am nächsten Tag mit der Säge bei ihm auf. »Das Ding taugt überhaupt nichts, nicht einmal fünf Bäume habe ich damit geschafft.« »Das verstehe ich aber nicht.« Kopfschüttelnd nimmt der Vertreter die Säge zur Hand und wirft den Motor an. »Nanu«, fragt der Bauer ganz erstaunt »was ist denn das für ein Geräusch?«

Zwei kleine Jungen unterhalten sich:
»Ich traue keiner Frau!«
»Wieso denn das?«
»Würdest du jemandem trauen, der
fünf Tage blutet und immer noch
lebt?«

Ein Schweizer, ein Engländer und ein Amerikaner nehmen im Wald einen Jungen gefangen und fesseln ihn an einen Baum. Auf dessen Kopf stellen sie einen Apfel und nehmen 30 Schritte Abstand. Zuerst zielt der Schweizer mit seiner Armbrust auf den Apfel. Kaum hat die Pfeilspitze den Apfel durchbohrt, tönt er mit mächtiger Stimme: »I'm Wilhelm Tell!« Der Engländer vollendet dasselbe mit seinem Pfeilbogen und ruft: »I'm Robin Hood!« Nun tritt der Amerikaner hervor und spannt den Bogen. Dieser verfehlt jedoch den Apfel und trifft die Stirn des Jungen. Der Amerikaner meint achselzuckend: »I'm sorry!«

»Erzählst du allen Leuten, ich sei blöd?«
»Ist das ein Geheimnis?«

»Dein Verlobter stottert ja.«
»Das macht nichts; wenn wir verheiratet sind, hat er sowieso nichts mehr zu sagen ...«

☺☺☺

Nachdem Gott den Mann erschaffen hatte, dachte er:
»Das geht bestimmt besser.«
Und nach dem Erfinden der Frau: »Na, da hab' ich mich aber gründlich getäuscht.«

☺☺☺

Ein Mann ruft den Arzt an: »Herr Doktor, meine Frau ist gestern die Kellertreppe hinuntergefallen und hat sich den Unterkiefer ausgerenkt. Könnten Sie im Laufe des nächsten Monats mal vorbei-schauen?«

☺☺☺

Ein Paar im Bett.
Er: »Ach, sag mir doch die drei Worte,
die Liebende für immer aneinander-
binden!«
Sie: »Ich bin schwanger!«

☺☺☺

Er sagte: »Schatz, ich mache dich zur
glücklichsten Frau der ganzen Welt!«
Darauf sie: »Ich werde dich vermissen.«

☺☺☺

1789, Französische Revolution. Ein
Mann läuft herum und schreit
»MENSTRUATION! MENSTRUATION!«
»Du liegst da falsch, Bürger! Das heißt
›Revolution‹!«
»Egal, Hauptsache, es fließt Blut!«

☺☺☺

Der Verletzte wacht im Krankenhaus auf. Er klingelt nach der Schwester. »Hören Sie mal, der Mann da neben mir ist doch sterbenskrank. Den können Sie doch nicht neben mir liegen lassen. Der gehört doch in ein Sterbezimmer!«
Die Schwester lächelt sanft. »Das ist das Sterbezimmer.«

Nach zähem Suchen fand ein Student endlich ein geräumiges Zimmer. »Sehr hübsch«, sagte er zur Vermieterin. »Es ist sauber und gemütlich. Nur eine Frage – was sind das für dunkle Flecken an der Decke?« »Ihr Vorgänger war Chemiker und hat das Zimmer als Labor benutzt.« »Aha, ich verstehe, dann sind das wohl Spritzer von chemischen Versuchen?« »Doch nicht von Versuchen!« erklärte die Dame entrüstet. »Das ist der Chemiker selbst!«

Zwei Musiker haben zusammen einen Auftritt, der eine ist blind, der andere ist taub. Sagt der Blinde zum Tauben: »Tanzen die schon?« Sagt der Taube: »Wieso? Haben wir denn schon angefangen zu spielen?«

☺☺☺

Er fragt sie nach dem Sex: »Du Liebling, wärst du gerne manchmal ein Mann?« Sie: »Nein, und du?«

☺☺☺

Thomas sagt nachdenklich zu seiner Freundin: »Ich frage mich, wofür ihr Frauen immer soviel Geld braucht. Ihr raucht nicht, ihr trinkt nicht, und Frauen seid ihr selber ...«

Eines Morgens hoppelte ein kleiner Hase durch das Gras und stolperte plötzlich über eine große Schlange.

»Oh, Entschuldigung!« sagte der kleine Hase. »Ich wollte nicht über Sie stolpern, aber ich bin blind und habe Sie nicht gesehen.«

»Gar kein Problem«, erwiderte die Schlange. »Eigentlich war es mein Fehler. Ich wollte Ihnen nicht im Weg liegen, aber auch ich bin blind und habe Sie nicht kommen sehen. Übrigens, was für ein Tier sind Sie?«

»Nun ja«, antwortete der kleine Hase, »ich weiß es nicht. Da ich blind bin, konnte ich mich noch nie sehen. Vielleicht können Sie mir helfen, das herauszufinden?«

Also betastete die Schlange den kleinen Hasen: »Also, Sie sind weich und kuschelig, und Sie haben lange Ohren, einen kleinen puscheligen Schwanz – Sie müssen ein kleines Kaninchen sein!« Und das Kaninchen tanzte vor Freude und fragte: »Übrigens, welche Art von Tier sind denn Sie?«

»Ich weiß es leider auch nicht«, antwortete die Schlange und wurde nun auch vom Kaninchen betastet. Nachdem das Kaninchen fertig war, sagte es: »Nun, ich glaube, was Sie sind: Sie sind hart, Sie sind kalt, Sie sind schleimig und Sie haben keine Eier – Sie müssen ein Anwalt sein!«

»**Gestern abend ging ich an Ihrem Haus vorbei …**«
»**Danke!**«

»Liebling, morgen verreise ich für eine Woche zu meiner Mutter. Kann ich noch irgend etwas für dich tun?«
»Nein, danke, das genügt!«

»Hallo, wie geht es dir?«

»Furchtbar, letzte Woche starb meine Frau.«

»Welche Tragödie! Was hat sie denn gehabt?«

»Ein kleines Einzelhandelsgeschäft und ein paar Tausender auf der Bank.«

»Nein, ich meine, was hat ihr gefehlt?«

»Ein Bauplatz, um das Geschäft zu erweitern.«

»Das meine ich doch nicht. Woran ist sie gestorben?«

»Ach so. Sie ging in den Keller, um für das Mittagessen Sauerkraut und Kartoffeln zu holen. Auf der Treppe ist sie gestürzt und hat sich das Genick gebrochen.«

»O Gott! Und was habt ihr dann gemacht?«

»Nudeln!«

Gott schuf den Mann. Den Rest erledigte sein Azubi.

Ein junger Mann klopft an die Himmelstür und wird auch eingelassen. Gleich auf der ersten schönen Wolke sitzt die tollste rothaarige Frau, die er je gesehen hat. Ein langer, schmaler, blutleerer Jüngling sitzt auch auf der Wolke und liest. Stürzt der Neuankömmling sich auf den Jüngling und flüstert: »Ist sie deine Belohnung?«
»Nein, ich bin ihre Strafe!«

»Sag, mal«, fragt Paul seinen Freund, »wie ging eigentlich letztens der Streit mit deiner Freundin aus?«
»Sie kam zum Schluß auf allen vieren angekrochen.«
»Nein! Und was hat sie gesagt?«
»Sie sagte: Komm endlich unter dem Bett hervor und benimm dich wie ein Mann!«

Ein Mann kommt in eine elegante Bankfiliale und geht an einen freien Schalter. Eine arrogante Bankangestellte bedient ihn:

»Guten Tag, was kann ich für Sie tun?«

»Ich will ein beschissenes Konto eröffnen.«

»Wie bitte? Ich glaube, ich habe Sie nicht richtig verstanden!«

»Was gibt's da zu verstehen, ich will in dieser Drecksbank einfach nur ein beschissenes Konto eröffnen!«

»Entschuldigen Sie, aber Sie sollten wirklich nicht in diesem Ton mit mir reden!«

»Hör zu, Puppe, ich will nicht mit dir reden, ich will nur ein beschissenes Konto eröffnen!«

»Ich werde jetzt den Manager holen …«

Im Hintergrund sieht man sie aufgeregt mit einem Schlipsträger tuscheln, der daraufhin seine Brust schwellt und erhobenen Hauptes mit der Schalterangestellten im Schlepptau auf den Kunden zugeht.

»Guten Tag, mein Herr, was für ein Problem gibt es?«

»Es gibt kein verdammtes Problem! Ich hab' 20 Millionen im Lotto gewonnen und will dafür hier nur ein beschissenes Konto eröffnen!«

»Aha, und diese Schlampe hier macht Ihnen Schwierigkeiten?«

☺☺☺

Zwei Blinde sitzen auf einer Parkbank, plötzlich muß einer niesen: »Tschii!« Sagt der andere: »Sei so nett, und mach mir auch ein Bier auf.«

☺☺☺

Ein Patient geht grübelnd durch die Flure eines Krankenhauses: »Krabben? Hummer? Austern?«

Da kommt sein Arzt vorbei und sagt: »Nein – Krebs, Herr Müller, Krebs!«

Eine Blondine sitzt in der ersten Klasse eines Flugzeugs auf dem Weg nach Berlin. Leider hat sie nur ein Ticket für die Touristenklasse, daher bittet sie die Stewardeß, ihre Sachen zu packen und in den hinteren Teil der Maschine zu gehen. Die Blondine schüttelt ihren Kopf, richtet sich wieder im Sessel ein und steht nicht auf.

Nun probiert es die Chefstewardeß – ohne Erfolg.

Auch der Copilot hat nicht mehr Glück – die Blondine schüttelt nur den Kopf, richtet ihr Haar, schminkt ihre Lippen und steht nicht auf. Da holt man den Piloten – er flüstert der Blondine etwas ins Ohr, sie nickt, steht auf und geht nach hinten in die Touristenklasse. Die gesamte Crew ist sprachlos: »Wie haben Sie denn das gemacht?«

»Tja, ich habe ihr gesagt, daß der vordere Teil der Maschine nicht nach Berlin fliegt – um dorthin zu kommen, müßte sie in den hinteren Teil der Maschine gehen!«

»Mama, schon in der Hochzeitsnacht hatte ich den ersten Streit mit Jochen!«
»Beruhige dich, Liebes, das kommt in jeder Ehe vor!«
»Aber Mami, was mache ich denn jetzt mit der Leiche?«

Was ist der Unterschied zwischen einer schottischen Hochzeit und einer schottischen Beerdigung?
Auf der Beerdigung gibt es einen Säufer weniger!

Warum werden in die Spaceshuttles der NASA keine Sitzplätze mehr eingebaut?
Die 30 Sekunden kann man auch stehenbleiben …

Ein junger und ein alter Jäger sitzen seit Stunden auf dem Hochsitz – plötzlich erscheint ein prächtiger Hirsch auf der Lichtung. Der junge Jäger reißt das Gewehr hoch, aber sein Freund hält ihn ab: »Nein, nicht auf den, der ist noch zu jung!« Eine Stunde später erscheint ein weiterer Hirsch – wieder will der junge Jäger anlegen, wieder verhindert der Alte den Schuß: »Nein, der ist zu alt!« Die beiden warten weiter, bis nach langer Zeit ein fürchterlich zugerichteter Hirsch aus dem Wald humpelt – er hinkt, ist einäugig, ein Ohr fehlt ganz, das andere ist zerfleddert, das Fell ist löchrig und statt eines Geweihs hat er nur noch ein paar Stummel. Da sagt der alte Jäger: »So, jetzt schieß! Auf den schießen wir auch immer!«

Welche drei Worte machen einen Hai
glücklich?
»Mann über Bord!«

Martin sitzt in der Kneipe und hat ein
Glas vor sich stehen. Ein Freund
kommt herein, nimmt das Glas und
kippt den Inhalt runter, ohne zu
fragen.
Martin kann es kaum fassen: »Was soll
das? Was habe ich nur getan? Der Tag
heute war grausam – ich habe meinen
Job verloren, auf dem Heimweg hatte
ich einen Unfall. Meine Frau erwische
ich mit meinem besten Freund im
Bett, mein Sohn ist kriminell und
meine Tochter ist schwanger. Und
dann kommst du daher und trinkst
einfach mein Gift aus!«

Ein Mann kommt in die Apotheke und fragt: »Haben Sie etwas Zucker?« Der Apotheker geht nach hinten und kommt mit einem Beutel Zucker wieder. »Haben Sie vielleicht auch einen Löffel?« fragt der Mann. Der Apotheker langt unter die Theke und holt einen Löffel hervor. Der Mann nimmt einen Löffel voll Zucker aus dem Beutel, zieht ein kleines Fläschchen aus der Tasche und träufelt vorsichtig zwanzig Tropfen auf den Zucker.

»Probieren Sie doch mal«, sagt er zum Apotheker und hält ihm den Löffel hin. Der probiert und fragt: »Und was soll das jetzt bedeuten?«

»Wissen Sie, mein Arzt hat zu mir gesagt: Gehen Sie in die Apotheke und lassen Sie Ihren Urin auf Zucker testen!«

Wo findet man eine Schildkröte ohne Beine?
Da, wo man sie hingesetzt hat …

Wie viele Emanzen braucht man, um eine Glühbirne zu wechseln?
Drei. Eine wechselt die Birne und die anderen beiden drehen einen sozialkritischen Dokumentarfilm darüber.

☺☺☺

Was macht eine Frau, wenn sie ein leeres Blatt Papier anstarrt?
Sie liest sich ihre Rechte durch ...

☺☺☺

Ein ziemlich übel riechender Typ verunglückt mit dem Auto und verletzt sich dabei schwer.
Warum?
Der Airbag ist nicht aufgegangen – er hat sich geekelt ...

☺☺☺

»Ihr Sohn hat mich ›alte Kuh‹ genannt, was sagen Sie dazu?«
»Ich hab' ihm schon so oft gesagt, er soll die Leute nicht nach dem Äußeren beurteilen …«

Die alte Dame fragt am Strand den kleinen Max:
»Werden hier viele Wracks ange-schwemmt?«
»Nein, Sie sind das erste …«

»Wir haben einen Hund, der hat keine Beine und auch keinen Namen.
Wozu auch – wenn man ihn ruft, kommt er sowieso nicht …«

Ein Mann kommt von der Arbeit nach Hause: »Her mit dem Bier, aber schnell!« Seine Frau reagiert blitzartig, ohne Widerspruch. So geht das eine Weile, bis eine Freundin zu ihr sagt:

»So kannst du dich doch nicht behandeln lassen! Wehr dich doch! Sag ihm, solange er keine besseren Manieren an den Tag legt, arbeitest du nicht mehr für ihn!« Am nächsten Tag das selbe Spiel. »Her mit dem Bier, her mit dem Essen, aber schnell!«

Sie versucht sich zu wehren: »Schatz, ich liebe dich, aber solange du so mit mir sprichst, streike ich!« Der Mann wird zornig: »Sag das noch einmal, und du siehst mich drei Tage lang nicht!«

Sie: »Mach was du willst, aber so lasse ich mich nicht mehr behandeln!«

Nun – sie sah ihn am ersten Tag nicht; sie sah ihn auch am zweiten Tag nicht. Gegen Ende des dritten Tages war die Schwellung dann soweit abgeklungen, daß sie ihn schon schemenhaft ausmachen konnte …

Der König läßt bekanntgeben, daß er seine Tochter zur Vermählung freigibt. Deshalb versammeln sich alle Untertanen, und der König spricht zu ihnen:

»Derjenige, dem diese Feder aufs Haupt schwebt, wird meine Tochter heiraten.«

Er läßt die Feder fallen, und die ganze Menge ... PUST PUST PUST ...

☺☺☺

Meine Frau hat die Alzheimer-Bulimie: Sie ißt mit Heißhunger, vergißt aber das Brechen ...

☺☺☺

Warum ist es oftmals der letzte Wunsch einer Stewardeß, daß die Asche ihrer Gebeine auf der Landebahn verstreut wird? Damit die gesamte Cockpit-Crew noch mal drüberrutschen kann.

Ein junges Mädchen ist lebensmüde und steht auf der Brüstung der Brooklyn Bridge, als sie ein junger Matrose anspricht: »Tu es nicht, es gibt so vieles, wofür es sich zu leben lohnt! Ich lege morgen ab und fahre nach Europa, und wenn du willst, dann verstecke ich dich an Bord und bringe dir jeden Tag zu essen. Ich mache dich glücklich und du machst mich glücklich. Was hast du schon zu verlieren?«

Das Mädchen geht darauf ein, und er schmuggelt sie an Bord, bringt ihr jede Nacht Essen und treibt es wild mit ihr bis zum Morgengrauen. Nach drei Wochen wird das Mädchen vom Kapitän entdeckt und zur Rede gestellt: »Ich hatte eine Abmachung mit einem Matrosen, er bringt mich nach Europa und ich schlafe dafür jede Nacht mit ihm.« Darauf der Kapitän: »Das glaube ich Ihnen – aber leider ist das hier die Fähre nach Staten Island!«

Zwei Freunde begegnen sich.

»Ich habe vorige Woche 150 DM im Lotto gewonnen!«

»Toll! Ich hatte auch Glück. Du kennst doch den neuen Supermarkt: Als ich dort vorgestern hineingehe – plötzlich ein Blitzlichtgewitter, eine Kapelle spielt einen Tusch, jemand drückt mir einen Blumenstrauß in die Hand und alle applaudieren.«

»Ja und, was war?«

»Ich war der 100 000ste Besucher und ich habe einen Frühstückskorb und 1000 Mark bekommen.«

»Und was hast du mit dem Geld gemacht?«

»Ist doch klar, sofort in den nächsten Sexclub – und da habe ich mir ein indisches Mädchen ausgewählt.«

»Ach ja, so eine mit einem Punkt auf der Stirn.«

»Genau – und was soll ich dir sagen, als wir gerade so dabei sind, habe ich ein bißchen an dem Punkt gerubbelt und dabei noch ein Fahrrad gewonnen!«

... und was stand auf den Monitoren der NASA?
Game over
Challenger is destroyed.
Communists killed: 0
Score: 0
Insert next astronaut!

Was erhält man, wenn man einen Klempner mit einer Prostituierten kreuzt? Einen Handwerker, der wenigstens vorgibt, zu kommen.

Was ist frech? Wenn man eine schwangere Frau trifft und sagt: »Hallo zusammen.«
Was ist pervers? Wenn man beiden die Hand gibt ...

Ein Ostdeutscher kommt zum erstenmal in den Westen und nimmt sich ein Taxi – einen Mercedes. Nach einer Weile fragt er sich, was der Mercedes-Stern bedeuten könnte, und spricht den Taxifahrer an, der ihn prompt auf den Arm nimmt: »Das ist eine Zielvorrichtung, um Rentner zu überfahren, weil es im Westen zu viele davon gibt. Für jeden überfahrenen Rentner gibt es 500 Mark Prämie.«

Als nun gerade ein Rentner über die Straße geht, hält der Taxifahrer darauf zu, reißt aber im letzten Moment das Lenkrad herum und fährt an dem Rentner vorbei. Da hört er hinten einen dumpfen Schlag, und sein Fahrgast ruft: »Also, das müssen Sie aber noch üben – wenn ich jetzt nicht im letzten Augenblick die Tür aufgemacht hätte, hätten wir den bestimmt verpaßt!«

Schild in einer indischen Kneipe: »Toiletten am Ende des Ganges«

**Was wäre, wenn sich die Erde dreißig-
mal schneller drehen würde?
Man bekäme jeden Tag das Gehalt
überwiesen, und die Frauen würden
verbluten …**

Ein Blinder steht mit seinem Hund an der
roten Ampel. Da pinkelt ihm der Hund ans
Bein. Der Blinde gibt ihm darauf einen
Hundekuchen. Ein anderer Mann sieht das
und fragt den Blinden: »Sagen Sie mal –
der Hund hat Sie gerade angepinkelt und
Sie geben ihm einen Hundekuchen?«
Darauf der Blinde: »Wissen Sie, wenn ich
ihm keinen Hundekuchen gebe, weiß ich
nicht, wo vorne ist und wenn ich nicht
weiß, wo vorne ist, kann ich ihm nicht in
den Hintern treten!«

»Sind Sie für den nächsten Tanz schon vergeben?«
»O nein, ich bin noch frei!«
»Könnten Sie dann bitte mein Bierglas halten?«

Was passiert, wenn man eine Handgranate in die Küche wirft? Nicht viel – das Chaos bleibt dasselbe, nur das dumme Gequatsche hört plötzlich auf …

Nächste Stufe der Gesundheitsreform: Ältere Herren mit Prostata-Problemen werden nicht mehr behandelt. Die Begründung: Rentner haben Zeit zum Pinkeln …

☺☺☺

»Wenn das euer Vater wüßte«, sagt die Witwe Henne zu den Küken, »er würde sich im Grill umdrehen ...«

☺☺☺

Ein Arbeitskollege zum stolzen Vater: »Was macht denn Ihre kleine Tochter?« »Oh, die läuft schon seit zwei Wochen!« »Na, dann müßte sie ja bald in Hamburg sein ...«

☺☺☺

Zwei Jungen spielen mit der Schrotflinte ihres Großvaters herum. Einer schaut vorne ins Rohr, während der andere hinten am Abzug rumspielt. Plötzlich löst sich ein Schuß. Meint der Freund am Abzug: »Schau doch nicht so, ich hab' mich doch auch erschreckt!«

Was ist ein Einarmiger mit einem Kartenspiel?
Mission Impossible ...

Das Luxusschiff passiert eine kleine abgelegene Insel bei seiner Fahrt durch den Indischen Ozean. Eine Gestalt in zerfetzten Lumpen fuchtelt wild mit den Armen, springt wie verrückt am Strand hin und her und versucht offensichtlich, mit allen Mitteln auf sich aufmerksam zu machen.
»Was hat der denn?« fragt ein Passagier den Kapitän.
»Ach der – der freut sich immer so, wenn wir hier vorbeikommen ...«

☺☺☺

Ein Mann erwacht aus dem Koma.
Seine Frau zieht sich die schwarzen Kleider aus und sagt: »Auf dich ist aber auch gar kein Verlaß ...«

Eine junge Frau liegt nach der Geburt ihres Kindes erschöpft, aber glücklich in ihrem Krankenbett, ihr Mann steht strahlend neben ihr. Da öffnet sich die Tür, ein Pfleger kommt herein und trägt das Kind auf dem Arm. Plötzlich dreht sich der Pfleger um und schlägt das Kind wieder und wieder mit dem Kopf gegen den Türrahmen. Die Eltern sind entsetzt, können es kaum glauben.

»Sagen Sie mal, was soll das denn? Unser Kind!«

Darauf der Pfleger: »April, April. Es war doch vorhin schon tot.«

»Sag mal, Peter, warum bewirfst du denn den Jungen da drüben mit Steinen?« »Ich darf nicht näher herangehen – er hat Keuchhusten ...«

Vater und Sohn machen einen Rundflug im Sportflugzeug.

Der Pilot weist sie ein: »Was ich nicht ausstehen kann, sind Schwätzer! Wenn Sie den Flug durchhalten, ohne ein Wort zu sagen, zahlen Sie nur den halben Preis.« Nach der Landung ist der Pilot sehr beeindruckt: »Alle Achtung, Sie können wirklich schweigen, mein Herr.«

»Leicht war's nicht, vor allem, als mein Sohn bei Ihrem letzten Looping rausfiel!«

Ein Blinder geht mit seinem Hund ins Kaufhaus. In der Sportabteilung packt er seinen Vierbeiner am Schwanz und wirbelt ihn über den Kopf. Eine erschreckte Verkäuferin: »Lassen Sie sofort den Hund in Ruhe!« Darauf der Blinde: »Man wird sich doch wohl mal umsehen dürfen …«

Ein Cowboy reitet durch die Wüste, als er plötzlich am Horizont einen roten Schimmer entdeckt. Da er sehr neugierig ist, reitet er darauf zu. Auf halbem Weg erkennt er Rauchschwaden, und als er das abgebrannte Haus erreicht, sieht er ein junges Mädchen, das heulend auf dem Boden sitzt. Er fragt sie: »Was ist denn hier passiert?«

Das Mädchen ist völlig verzweifelt: »Oh, es ist so schrecklich. Die Indianer kamen, haben meine Eltern entführt, meine Schwester vergewaltigt und meinen Bruder ermordet!«

Da steigt der Cowboy von seinem Pferd, öffnet seine Hosen und sagt: »Tja, Mädchen, heute ist nicht dein Tag.«

Was sucht ein einarmiger Mann in der Einkaufsstraße?
Einen Secondhandshop …

Was ist der Unterschied zwischen Michael Jackson und einer Einwegtüte? Keiner. Beide sind aus Plastik und gefährlich für Kinder.

 ☺☺☺

Der Firmenchef ruft zu Hause an und hat den kleinen Ralf am Apparat: »Hallo?«
»Ich bin's, hol mir mal die Mami.«
»Geht nicht, die liegt mit einem Mann im Bett.«
»Was? Dann hol sofort die Axt aus der Garage, und hau beiden damit kräftig über den Kopf!«
Nach zehn Minuten: »So, habe ich gemacht.«
»Gut, jetzt schleifst du die Mami zum Swimmingpool.«
»Wir haben doch gar keinen Swimmingpool.«
»Nicht? Oh, Entschuldigung, dann habe ich mich wohl verwählt!«

Ein Ertrinkender paddelt verzweifelt im See herum und brüllt immerzu: »HELP! HELP! HELP!« Da kommt ein Passant vorbei, schüttelt den Kopf und brüllt zurück: »Du hättest statt Englisch lieber Schwimmen lernen sollen!«

Weihnachten in der Psychiatrischen Anstalt. Der Weihnachtsmann besucht die Patienten und sagt: »Wer mir ein kurzes Gedicht aufsagt, bekommt ein kleines Geschenk. Wer ein langes Gedicht aufsagt, bekommt ein großes Geschenk.« Schon steht der erste vor ihm und stammelt: »Hhelelmmaam«. Darauf der Weihnachtsmann: »Und wer mich verarscht, kriegt gar nichts!«

Was ist schlimmer, Alzheimer oder
Parkinson-Syndrom?
Es ist eigentlich egal, ob man sein Bier ver-
schüttet oder ob man vergißt, wo man es
abgestellt hat …

☺☺☺

**In einem amerikanischen Schulbus
bricht plötzlich ein Streit zwischen
den weißen und den farbigen Kindern
aus, wer im Bus vorne sitzen darf.
Der Busfahrer hält an und baut sich
vor den Kleinen auf: »Ruhe! Jetzt hört
endlich mit diesem Unsinn auf! Es gibt
keine Unterschiede zwischen euch! Ihr
seid alle gleich! Es gibt nicht schwarz
und nicht weiß! Ihr seid jetzt alle
grün, okay? Also, die hellgrünen
Kinder nach vorne, die dunkelgrünen
nach hinten!«**

**Was steht auf dem Grabstein einer
Putzfrau?
Die kehrt nie wieder.**

☺☺☺

Im Paradies. Der liebe Gott fragt Adam:
»Adam, wo ist denn Eva?«
»Eva badet im Fluß!«
»Mensch Adam – wie soll ich denn jemals
den Geruch wieder aus den Fischen her-
ausbringen?«

☺☺☺

**Treffen sich zwei Rentner.
»Na, wie geht es deinem Zucker?«
»Der zuckt schon lange nicht mehr!«**

☺☺☺

Was braucht man für eine Wiederver-
einigung der Beatles? – Eine Pistole und
drei Patronen.

Eine Großmutter geht mit ihrem erwachsenen Enkel den Straßenstrich entlang.
»Nun sag mal, mein Junge, was sind denn das für Damen?« »Das sind Prostituierte, Oma!«
»Na, Junge, wenn da nicht ein paar Nutten dabei sind!«

☺☺☺

Eine Frau kommt in die Apotheke und verlangt eine Packung Tampons. Der Apotheker geht in den Nebenraum und kommt mit einer Packung Papiertaschentücher zurück.
Die Frau ist genervt: »Sie müssen mich falsch verstanden haben, ich wollte Tampons und keine Tempos!«
Da mustert der Apotheker sie:
»Ich habe Sie schon richtig verstanden, aber Sie sehen so alternativ aus – da dachte ich, Sie drehen selber.«

Ein Mann sitzt mit seinem Papagei im Flugzeug. Plötzlich schreit der Vogel die Stewardeß an: »He, Schlampe, bring mir etwas zum Trinken!« Kurz darauf bringt ihm die Stewardeß ein Glas Wasser. Der Besitzer des Vogels tut es seinem Tier nach und ruft ebenfalls: »He, Schlampe, bring mir etwas zum Trinken!« Die Stewardeß beschwert sich darauf beim Piloten: »Hinten sitzen zwei, die sich nicht benehmen. Was soll ich tun?« »Wirf sie einfach raus!«

Als der Mann mit seinem Vogel sich also langsam dem Boden nähert, fragt der Papagei :«He, kannst du fliegen?«

»Nein.«

»Dann solltest du nicht so frech sein!«

Eine schwangere Frau betritt die Bäckerei. »Ich bekomme ein Weißbrot.«
Antwortet der Bäcker: »Sachen gibt's!«

Der Staubsaugervertreter klingelt an einer Tür. Als eine ältere Dame öffnet, fragt er höflich: »Guten Tag, meine Dame. Darf ich Ihnen einmal unseren Kobold zeigen?«
Die Dame ist entrüstet: »Einen Knopf, und ich rufe die Polizei!«

Eine Frau kommt von einem Termin bei ihrem Gynäkologen zurück und erzählt stolz: »Der Arzt hat gesagt, ich hätte so schöne Beine und tolle Brüste!«
Darauf ihr Mann: »Und deinen Arsch hat er nicht erwähnt?«
»Nein, von dir war nicht die Rede!«

Kommt ein Mann in die Metzgerei und verlangt ein halbes Schwein. Daraufhin fragt ihn der Metzger: »Was wollen Sie mit einem halben Schwein? Das fällt Ihnen ja um!«

Der Sohn eines Juweliers und der eines Berufskillers sind schon seit Jahren befreundet und haben am selben Tag Geburtstag. Als beide zwölf Jahre alt werden, bekommt der Juwelierssohn eine Uhr und sein Freund eine Pistole. Beide sind mit ihrem Geschenk etwas unzufrieden und tauschen. Der Sohn des Berufskillers geht nun stolz nach Hause und zeigt die Uhr seinem Vater, doch der nimmt seinen Sohn beiseite und sagt: »Junge, denk doch mal nach. Eines Tages wirst du ein wunderschönes junges Mädchen kennenlernen und dich in sie verlieben. Ihr werdet heiraten – und eines Tages kommst du nach Hause und findest deine Frau mit einem anderen Mann im Bett. Was willst du dann machen? Auf deine Uhr sehen und fragen wie lange das noch dauert?«

Ein kleiner Junge kommt zum Arzt: »Herr Doktor, ich hätte so gern ein Brüderchen, aber meine Mama sagt: ›Papa bringt's nicht mehr!‹«

»Soso, mein Kleiner, dann nimm mal diese Tropfen und tu deinem Vater jeden dritten Tag einen Tropfen in den Kaffee!« Der Junge läuft heim, vergißt die Anweisung des Arztes und gibt seinem Vater nun jeden Morgen drei Tropfen in den Kaffee. Nach zwei Wochen erscheint der Kleine wieder beim Arzt: »Na, Kleiner, ist dein Brüderchen schon unterwegs?« »Nein – meine Mutter ist tot, meine Schwester ist schwanger, mir tut der Hintern weh und der Hund traut sich nicht mehr nach Hause!«

Was hört man, wenn man sich einen Döner ans Ohr hält?
Das Schweigen der Lämmer.

Petrus hat an der Himmelspforte zwei Türen für die männlichen Anwärter eingeführt. An der ersten Tür hängt ein Schild mit der Aufschrift »Für Männer, die während ihrer Ehe unterdrückt wurden«. An der zweiten Tür hängt ein Schild mit der Aufschrift »Für Männer, die auch während ihrer Ehe frei im Geist geblieben sind«.

Wie nicht anders zu erwarten, bilden sich täglich lange Schlangen vor der ersten Tür. Bis eines Tages ein Mann vor der zweiten Tür steht.

Petrus fragt: »Mein Sohn, es freut mich, dich hier zu sehen. Welche Rolle möchtest du in unserer Gemeinschaft übernehmen?«

Der Mann antwortet: »Welche Gemeinschaft?«

Petrus: »Ja, weißt du denn nicht, wo du hier bist?«

Der Mann: »Nein, wieso auch? Meine Frau hat gesagt, ich soll mich hier anstellen.«

Die übergewichtige Prinzessin zum Spiegel: »Spieglein, Spieglein an der Wand, wer ist die Schönste im ganzen Land?«
Der Spiegel: »Geh doch mal zur Seite, ich kann ja gar nichts sehen!«

In der 9. Etage des Krankenhauses ist ein Patient verstorben. Die Schwester bittet den Pfleger, den Patienten in den Keller zu bringen. Also schlägt der Pfleger den Toten in ein Bettlaken, wirft ihn über die Schulter und trägt ihn die Treppe hinunter. Leider ist der Pfleger nicht sehr groß, und so schlägt der Kopf des Toten bei jeder Stufe auf dem Boden auf. Im 8. Stockwerk wühlt sich der Tote aus dem Laken, klopft dem Pfleger auf die Schulter und sagt: »Junge, ich bin aber noch nicht tot!« Darauf der Pfleger: »Kein Problem, wir sind ja auch noch nicht unten!«

Herr Winkler, Frau Winkler und deren dreibeiniger Hund fahren mit dem Auto in Urlaub. Bei einer Pause pinkelt Herr Winkler gegen einen Wunderbaum und befreit somit eine Fee.

»Du darfst dir wünschen, was immer du möchtest. Es sei dir gewährt.«

»Mach bitte meinen Hund gesund.«

»Na gut, okay, alles kann ich vielleicht doch nicht. Hast du keinen anderen Wunsch?«

Darauf Herr Winkler: »Na, dann sieh dir mal meine Frau im Auto an und mach Sie hübsch!«

Die Fee geht zum Auto und kommt gleich wieder zurück: »Kann ich den Hund noch einmal sehen?«

Zwei Männer fallen vom Dach eines Hauses. Einer hat Pech und stirbt, der andere hat Glück und bleibt mit einem Auge an einem rostigen Nagel hängen!

Beim Hausarzt: »Junge, Junge, Sie haben aber ganz schönes Übergewicht bekommen. Das wird ja immer schlimmer!«
»Stimmt! Für mein Gewicht müßte ich 2 Meter 10 groß sein.
Aber ich kann essen und essen – essen, was ich will – ich werde einfach nicht größer!«

Die Kinder sollen als Hausaufgabe einen Vogel malen. Heinz hat das recht ordentlich hingekriegt, nur leider ist sein Bild nicht ganz vollständig. Die Lehrerin fragt ihn: »Sag mal, Heinz, dein Vogel hat ja weder Beine noch Schwanz! Warum denn das?« Da fängt der Kleine an zu weinen: »Als ich meine Mama fragte, wo man bei Vögeln die Beine hinmacht, hat sie mir eine geknallt. Da wollte ich nach dem Schwanz gar nicht erst fragen …«

Der Arzt zum Patienten: »Tut mir leid, aber ich kann bei Ihnen nichts finden. Es muß wohl am Alkohol liegen!« Der Patient: »Dann komme ich wieder, wenn Sie nüchtern sind!«

»Wenn Sie noch eine Zeitlang leben wollen, müssen Sie aufhören zu rauchen!«
»Dazu ist es jetzt zu spät.«
»Zum Aufhören ist es nie zu spät!«
»Na, dann hat's ja noch Zeit ...«

Warum bringt das Christkind manchmal auch dumme und nutzlose Geschenke?
Weil es blond ist.

Eine Frau fährt mit ihrem kleinen Sohn in Urlaub. Als sie im Zug sitzen und an einer Wiese vorbeifahren, fragt der Kleine: »Mutti, können Kühe verreisen?« »Nein, wie kommst du denn darauf?« Als sie über einen Fluß fahren, fragt der Kleine wieder: »Mutti, kann der Rhein donnern?« »Nein, wie kommst du denn darauf?« Als sie durch die Lüneburger Heide fahren, fragt der Kleine wieder: »Mama, kann die Heide wackeln?« »Nein, aber ich möchte endlich wissen, wieso du immer solche Fragen stellst!« »Heute morgen, als wir fahren wollten, habe ich noch gehört, wie der Papa zum Dienstmädchen sagte: ›Warte, bis die alte Kuh verreist ist, dann donnere ich dir einen rein, daß die Heide wackelt!‹«

**Was bekommt man, wenn man einen Pitbull und einen Collie kreuzt?
Einen Hund, der dir ein Bein abbeißt und dann Hilfe holt.**

Drei ältere Herren unterhalten sich am Stammtisch über ihre Söhne.

Der erste: »Mein Sohn hat Tankwart gelernt, und heute besitzt er 15 Tank-stellen.«

Der zweite: »Mein Sohn hat Drogist gelernt, und heute besitzt er 20 Dro-gerien.«

Der dritte: »Naja, ich traue mich gar nicht darüber zu reden … mein Sohn ist schwul.«

Darauf die beiden anderen: »Na, das ist doch gar nicht so tragisch. Womit verdient er sein Geld?«

»Naja, er hat zwei Freunde – der eine hat 15 Tankstellen und der andere 20 Dro-gerien …«

Ein junger Mann möchte gerne auf dem Bau arbeiten und stellt sich dem Polier vor.

»Junger Mann, beherrschen Sie denn die Maurersprache?«

»Na klar doch!«

»Gut, wir werden ja sehen.«

Also wird der junge Mann an der Mischmaschine eingesetzt. Am Nachmittag schaut der Polier aus dem 5. Stock nach unten, zeigt fünf Finger und steckt den Daumen in den Mund. Der junge Mann hält daraufhin mit beiden Händen die Augen zu, dann die Hände an die Augenbrauen mit offenen Augen und anschließend an die Stirn. Der Polier läuft wütend nach unten: »Sie haben ja keine Ahnung von der Maurersprache!«

»Wieso, Sie wollten fünf Bier, und ich habe nur gefragt, ob dunkles, helles oder Bockbier!«

Beim Frühstück sagt die Wirtin zum Studenten: »Sieht nach Regen aus!« Darauf der Student:

»Ja, aber man merkt, daß es Kaffee sein soll.«

»Ich habe meiner besten Freundin viel Geld für eine kosmetische Operation geliehen. Nun würde ich es gerne wiederhaben, aber ich weiß nicht, wie sie aussieht …«

Ein stark angetrunkener Passant spricht eine Frau auf der Straße an: »Mensch, bist du aber häßlich!«

»Ach, Sie sind doch völlig besoffen.«

»Stimmt genau, aber ich bin morgen wieder nüchtern!«

**Jesus geht durch die Wüste und trifft
einen alten Mann. Jesus: »Was machst
du so alleine in der Wüste?«
»Ich suche meinen Sohn.«
Jesus: »Wie sieht er denn aus?«
»Er hat Nägel durch Hände und Füße.«
Jesus: »Vater!«
»Pinocchio!«**

Ein Betrunkener kommt an eine Schießbude, verlangt nach einem Gewehr, zielt
mit zitternden Händen und trifft voll ins
Schwarze. Als Gewinn erhält er eine kleine
Schildkröte. 30 Minuten später steht er
wieder vor der Schießbude und verlangt
noch einmal ein Gewehr. Dieselbe
Prozedur – zittriges Zielen, und der Schuß
trifft voll ins Schwarze – freie Auswahl.
»Welchen Preis möchten Sie denn haben?«
fragt der Inhaber.
»Ach, geben Sie mir doch noch einmal so
ein Fischbrötchen wie vorhin!«

Ein Held reitet auf einem Kamel durch die Wüste und schwitzt, als ihm ein fröhlich pfeifender Fahrradfahrer entgegenkommt. Der Held fragt ihn: »Hey, warum schwitzt du nicht?«

»Ganz einfach, ich fahre einfach so schnell, daß der Fahrtwind mich kühlt!«

Der Held denkt: »Was der kann, kann ich schon lange«, und gibt dem Kamel die Sporen. Eine Stunde später fällt das Kamel plötzlich tot um.

Der Held schüttelt nur den Kopf: »Erfroren!«

Das Telefon klingelt, Meier hebt ab. Aus der Leitung ertönt: »Bin ich mit dem Anschluß 164980 verbunden?«
Meier: »Nein, hier ist 164981!«
Darauf der Anrufer: »Da hab' ich mich wohl verwählt.«
Meier: »Macht nichts, das Telefon hat ja sowieso geklingelt!«

**Was ist der Unterschied zwischen einem Hasen, einer Wolljacke, einem Fußball und einer 18jährigen?
Der Hase wird gespickt,
die Wolljacke wird gestrickt,
der Fußball wird gekickt und
die 18jährige wird 19.**

»Sag mal, wozu hat ein Hubschrauber eigentlich oben diesen Propeller?« fragt der eine Kollege. »Na das ist doch klar, das ist ein Ventilator!« » Quatsch – du willst mich auf den Arm nehmen!« »Nein – das kannst du glauben, ich bin doch neulich erst mit einem mitgeflogen. Da ist der Propeller plötzlich stehengeblieben – was glaubst du, wie der Pilot da geschwitzt hat!«

Ein Bauer bricht sich beim Holzhacken den Kiefer. So fährt er in Begleitung seiner Frau mit dem Zug in die Stadt zum Arzt. Während der Fahrt – es sind alle Sitzplätze besetzt – lehnt seine Frau sich gegen die Tür. Diese öffnet sich plötzlich, und die Frau fällt aus dem Zug. Der Bauer steht teilnahmslos dabei. Da ruft ein erboster Fahrgast: »He, Sie! Ihre Frau fiel gerade aus dem Zug, und Sie zeigen überhaupt keine Reaktion!« Da antwortet der Bauer mit leicht geöffnetem Mund: »Entschuldigung, aber ich kann nicht lachen, ich habe mir den Kiefer gebrochen.«

Zwei Elefanten sehen zum erstenmal einen nackten Mann. Sie schauen an ihm herunter, schauen wieder hoch, und blicken sich zweifelnd an. »Wie zum Teufel kriegt der sein Essen in den Mund?«

»Guten Tag! Haben Sie Brezeln?«

»Nein, mein Junge! Brezeln haben wir morgen!«

Einen Tag später.

»Guten Tag! Haben Sie Brezeln?«

»Ja, mein Junge! Brezeln haben wir!«

»Haben Sie Brezeln mit Guß und Verzierung?«

»Nein, mein Junge! Brezeln mit Guß und Verzierung haben wir morgen!«

Einen Tag später.

»Guten Tag! Haben Sie Brezeln mit Guß und Verzierung?«

»Ja, mein Junge! Brezeln mit Guß und Verzierung haben wir!«

»Haben Sie Brezeln mit Guß und Verzierung und Aufschrift ›Meiner Mutti zum Geburtstag‹?«

»Nein, mein Junge! Brezeln mit Guß und Verzierung und Aufschrift ›Meiner Mutti zum Geburtstag‹ haben wir morgen!«

Am nächsten Tag:

»Guten Tag! Haben Sie Brezeln mit Guß

und Verzierung und Aufschrift ›Meiner Mutti zum Geburtstag‹?«

»Ja, mein Junge! Brezeln mit Guß und Verzierung und Aufschrift ›Meiner Mutti zum Geburtstag‹ haben wir! – Soll ich dir eine einwickeln?«

»Nein danke – ich ess' sie gleich so!«

Der Lehrling erhält vom Meister den Auftrag, die Bundesstraße mit einem neuen Mittelstreifen zu versehen. Am ersten Tag schafft er 4 km, am zweiten 2 km – am sechsten Tag nur noch 400 m. Der Meister ist verwirrt: »Angefangen hast du ja ganz gut – aber dann hast du stark nachgelassen!« Antwortet der Lehrling: »Der Farbtopf stand ja auch immer weiter weg von mir!«

Ein Mann meldet seine Frau als vermißt.
Nachmittags bekommt er einen Anruf von
der Polizei:
»Wir haben eine Leiche gefunden, die der
Beschreibung Ihrer Frau entspricht.
Können Sie zur Leichenhalle kommen, um
sie zu identifizieren?«
Der Mann fährt zur Leichenhalle, faßt die
Leiche an und sagt: »Das ist sie, das ist
meine Frau.«
»Moment mal, soll ich nicht erst einmal
das Laken wegnehmen, damit Sie das
Gesicht sehen können?«
»Das ist meine Frau, da bin ich ganz sicher
– die hat immer so kalte Füße.«

»Papa, wenn du mir Geld gibst, er-
zähle ich dir, was der Postbote immer
zu Mami sagt!«
»Hier sind zehn Mark. Also los!«
»Er sagt: Guten Morgen, Frau
Ackermann, hier ist Ihre Post …«

Kommt ein junger Mann zum Apotheker und sagt:

»Heute abend bin ich bei den Eltern meiner neuen Freundin zum Essen eingeladen. Hinterher läuft bestimmt noch etwas. Ich bräuchte deshalb eine Packung Kondome.«

Der Apotheker bringt die Kondome, der junge Mann bezahlt und geht.

Abends sitzt der junge Mann bei den Eltern seiner Freundin und hält den Kopf permanent tief über den Teller gebeugt.

Sagt die Freundin:

»Wenn ich geahnt hätte, daß du keine Tischmanieren hast, hätte ich dich niemals zu meinen Eltern eingeladen.«

»Und wenn ich gewußt hätte, daß dein Vater Apotheker ist, wäre ich nicht gekommen.«

Ein Medizinmann, der seine Fähigkeiten verloren hat, wird von seinem Stamm gefragt, wie der nächste Winter sei. Weil er seinen Job nicht verlieren möchte, aber auch sein Volk nicht gefährden will, sagt er vorsichtshalber: »Es wird ein langer, harter Winter.«

Die Indianer beginnen sofort, Holz zu sammeln. Eine Woche später packt den Medizinmann das schlechte Gewissen, und er fährt zum Wetteramt in die Stadt, um sich dort zu vergewissern. Der Meteorologe versichert ihm: »Das wird ein langer, harter Winter.«

»Gut, und woher wissen Sie das?«

»Na, die Indianer sammeln doch jetzt schon Holz.«

Beim Kaffeeklatsch unterhalten sich die
Damen angeregt.
Fragt Frau Müller: »Weiß denn jemand,
was aus Schusters Sabine geworden ist?«
»Na«, meint Frau Schulz, »die ist doch
nach Hamburg gezogen und arbeitet dort
in einem Freudenhaus!«
Sagt Frau Pastor: »Ach das fromme Kind,
sie hat immer so gerne gelacht!«

☺☺☺

Paul und Jochen laufen am Strand entlang.
»Kuck mal, da liegt ein Arm.«
»Ja wirklich, da liegt ein Arm.«
Sie laufen weiter.
»Kuck mal, da liegt ein Bein.«
»Ja wirklich, da liegt ein Bein.«
Sie laufen weiter.
»Kuck mal, da liegt ein Kopf.«
»Ja wirklich, da liegt ein Kopf«
»Du, das ist doch der Kopf von Johannes,
dem wird doch wohl nichts passiert sein!«

Polizist: »Blasen Sie in das Röhrchen!«
Autofahrer: »Geht nicht. Ich habe Asthma.«
»Kommen Sie mit zur Blutprobe!«
»Geht nicht, ich bin Bluter.«
»Dann gehen Sie auf dieser Linie!«
»Geht nicht, ich bin betrunken.«

☺☺☺

Eine Frau besucht ihre Freundin, die mit dem Tod ringt.
Die Freundin wälzt sich im Bett:
»Ich leide Höllenqualen!«
»Was – jetzt schon?«

☺☺☺

Der Arzt macht einen Hausbesuch bei Herrn Lohse.
»Ach, Frau Lohse, Ihr Mann gefällt mir aber gar nicht!«
»Mir auch nicht, Herr Doktor, aber es dauert ja nicht mehr lange, oder?«

Ein Mann kommt in die Kneipe und haut
mit einer schweren Plastiktüte auf die
Theke: »Einen doppelten Korn!«
»Ärger?« fragt der Wirt beim Einschenken.
»Und ob! Sechser im Lotto! Und meine
Frau hat vergessen, den Schein abzu-
geben!«
»Um Gottes willen! Der würde ich ja den
Kopf abreißen!«
»Was glauben Sie denn, was ich hier in der
Tüte habe?«

**Daniel raucht in aller Öffentlichkeit
eine Zigarette. Da kommt eine ältere
Frau vorbei und meint: »Was sagen
deine Eltern eigentlich dazu, daß du
schon rauchst?«
»Und was würde Ihr Mann sagen,
wenn er wüßte, daß Sie fremde Kerle
auf der Straße anmachen?«**

Carl nimmt seinen Sohn auf einen Jagd-
ausflug mit.

Plötzlich ruft der Sohn: »Schau mal Vater,
dort oben«, und deutet auf ein
Segelflugzeug.

»Jaja, mein Sohn«, spricht der Vater. »Sieh
ihn dir genau an!

Das ist ein sehr gefährlicher Greifvogel! Ich
hab' mal auf so einen geschossen, da ließ
er glatt einen Menschen fallen!«

☺☺☺

Bert hat Urlaub in Brasilien gemacht. Nach
seiner Rückkehr fragt ihn sein Chef: »Na,
Bert, wie war es denn in Rio?«

»Ach, in Brasilien gibt es nur Fußballspieler
und Nutten!«

Der Chef: »Wußten Sie eigentlich, daß
meine Frau Brasilianerin ist?«

»Tatsächlich … bei welchem Verein spielte
sie denn?«

Was sagt ein Hund, kurz bevor ein
Auto ihn trifft?
»Hilf…«
Was sagt ein Hirsch, kurz bevor ein
Auto ihn trifft?
»Hilf…«
Was sagt ein Elefant, kurz bevor ein
Auto ihn trifft?
»Na los, komm nur!«

Ein Ehemann stürmt in den Himmel. Seine
Frau wartet bereits hinter der Pforte und
schimpft:
»Ich stehe mir hier die Beine in den
Bauch. Wo bist du denn so lange ge-
wesen?«
»Du mußt schon entschuldigen, aber der
Arzt hat mich so lange aufgehalten!«

Der Rekrut kommt vom Stabsarzt zurück.
Sein stotternder Kumpel fragt: »W-W-Was
f-f-fehlt d-dir d-denn?«
»Ich habe Probleme mit der Prostata.«
»W-W-Was i-i-ist d-d-das?«
»Ich pinkle so, wie du sprichst.«

**Zwei Schwerverbrecher fliehen aus
dem Gefängnis. Nachdem alle Mauern
mühsam überwunden sind, sagt der
eine: »Jetzt aber schnell wieder
zurück, die Generalprobe hat ja prima
geklappt!«**

Der Hund des alten Försters ist gestorben.
Er trauert sehr um diesen treuen
Kameraden und sucht Trost bei seiner
Frau. Er seufzt: »Jetzt hab' ich bloß noch
dich, Hilde …«

Der Arzt schaut seinen jungen Patienten
mitleidig an:
»Ich muß Ihnen leider eine traurige
Mitteilung machen. Sie sind schwer krank,
und Ihnen bleibt nicht mehr viel Zeit.«
»Was? Sagen Sie mir die Wahrheit, Herr
Doktor – wie viel Zeit bleibt mir?«
»Es tut mir leid. Nur noch zehn …«
Der Patient ist völlig verzweifelt: »Was
meinen Sie – zehn Jahre, zehn Monate,
oder nur noch zehn Wochen?«
»Lassen Sie mich doch ausreden! Zehn,
neun, acht, sieben…«

**Uschi und ihr Freund sitzen im
Whirlpool. Fragt sie: »Ist das wirklich
so, daß ich untergehe, wenn du
deinen Finger herausziehst?«**

CHEMISCHE ANALYSE DER FRAU

Element: Frau
Symbol: Fr
Entdecker: Adam
Quantitative Analyse: Akzeptierte Werte
91–71–91, aber Isotope von 63–25–51 bis
152–140–152 sind bekannt.
Vorkommen: Überall, wo Mann (Ma) zu
finden ist, aber selten in dem sehr
reaktiven, energiereichen unverheirateten
Zustand. Überschuss in allen städtischen
Gegenden.
Physikalische Eigenschaften: Metastabil;
häufig spontane Dehydration (»weint«).
Gefriert in Sekundenschnelle. Absolut
unvorhersagbar. Schmilzt bei geeigneter
Behandlung. Sehr bitter, wenn nicht
gebührend beachtet. Kommt in vielen
Zuständen vor, von jungfräulichem Metall
hin zu gemeinem Erz. Nicht magnetisch,
aber wird von Münzen und Sportwagen
angezogen. Im natürlichen Zustand variiert
das Exemplar beträchtlich. Oft ist es so

geschickt künstlich verändert, daß die Veränderung nur dem geübten Auge auffällt.

Chemische Eigenschaften: Große Affinität für Au, Ag und C (allerdings nicht in Graphit-Modifikation). Kann heftig reagieren, wenn es allein gelassen wird. Absorbiert große Mengen Nahrung. Eine sehr wünschenswerte Reaktion kann mit Reagenten wie Ethanol und bestimmten Pheromonen in Gang gesetzt werden, wobei häufig ein Katalysator nötig ist (mindestens fünfmal täglich »Ich liebe dich«). Oft beschleunigt Dunkelheit die Reaktion.

Lagerung: Die besten Resultate werden zwischen 18 und 25 Jahren erreicht.

Nutzen: Oft sehr dekorativ. Nutzen als Tonikum bei niedergeschlagener Stimmung. In kalten Nächten bei geeigneter Vorbereitung auch als Heizkissen.

Tests: Exemplar nimmt einen rötlichen Farbton an, wenn im natürlichen, unbearbeiteten Zustand entdeckt. Wird grün, wenn neben einem schöneren Exemplar plaziert.

Sicherheitshinweise: Hochexplosiv in ungeübten Händen. Exemplar muß mit höchster Vorsicht behandelt werden, wenn Experiment glücken soll. Es ist illegal, mehr als ein Exemplar zu besitzen, aber ein gewisses Maß an Austausch ist erlaubt.

☺☺☺

Forscherinnen haben herausgefunden, warum Moses mit dem Volke Israel 40 Jahre durch die Wüste zog: Männer konnten noch nie nach dem Weg fragen...

☺☺☺

In der Studenten-WG: »Wie spät ist es ?«
»Donnerstag.«
»Keine Details. Sommer- oder Wintersemester?«

Ein Politiker, ein Wissenschaftler und ein Beamter wollen gemeinsam Schnecken sammeln. Sie treffen sich an einem vereinbarten Ort und ziehen in verschiedene Richtungen los. Nach einer halben Stunde kehrt der Wissenschaftler mit 162 Schnecken zurück. Eine weitere halbe Stunde später kommt der Politiker und hat 87 Schnecken dabei. Vom Beamten ist keine Spur zu sehen. Erst nach drei Stunden kommt auch er endlich wieder – und hat keine einzige Schnecke dabei. Die beiden anderen wundern sich: »Wieso hast du denn keine einzige Schnecke gefunden?«

»Das ist unglaublich mit diesen Viechern! Ich sehe eine Schnecke, bücke mich danach, und husch, ist sie weg!«

Noch mehr böse Witze – und diesmal ganz international ...

A young boy went up to his father and asked:
»What is the difference between potentially and realistically?«
The father answered: »Go ask your mother if she would sleep with Robert Redford for a million dollars. Also, ask your sister if she would sleep with Brad Pitt for a million dollars. Come back and tell me what you have learned.«
So the boy went to his mother and said, »Mom, would you sleep with Robert Redford for a million dollars?«
The mother replied: »Of course I would! I wouldn't pass up an opportunity like that!«
Then the boy went to his sister and said: »Sis, would you sleep with Brad Pitt for a million dollars?«
The girl replied: »Oh my God! I would just

love to do that! I would be nuts to pass up that opportunity!«

The boy pondered this for a bit and went back to his dad. His father asked him: »Did you find out the difference between potential and realistic?«

The boy replied: »Yes, potentially, we're sitting on two million dollars, but realistically, we're living with two sluts.«

☺☺☺

Three guys and a lady were sitting at the bar talking about their professions.

The first guy says: »I'm a YUPPIE ... you know ... Young, Urban, Professional.«

The second guy says: »I'm a DINK ..... you know ... Double Income, No Kids.«

The third guy says: »I'm a RUB ... you know Rich, Urban, Biker.«

They turn to the woman and ask her: »What are you?«

She replies: »I'm a WIFE ... you know, Wash, Iron, Fuck, Etc.«

A man is dining in a fancy restaurant, and there is a gorgeous redhead sitting at the next table.

He has been checking her out since he sat down, but lacks the nerve to talk with her. Suddenly she sneezes and her glass eye comes flying out of its socket towards the man. He reflexively reaches out, grabs it out of the air, and hands it back. »Oh my, I am so sorry«, the woman says as she pops her eye back in place. »Let me buy your dinner to make it up to you.«

They enjoy a wonderful dinner together, and afterwards the woman invites him to the theater, followed by drinks. After paying for everything, she asks him if he would like to come to her place for a nightcap … and stay for breakfast the next morning.

The next morning, she cooks a gourmet meal with all the trimmings. The guy is amazed! Everything had been in-credible!

»You know«, he said, »you are the perfect

woman. Are you this nice to every guy you meet?«

»No«, she replies. »You just happened to catch my eye.«

A professor at the University of Limerick is giving a lecture to the fresher year students on supernatural experiences. To get a feel for his audience, in one of the biggest lecture halls on the campus, he asks: »How many people here believe in ghosts?« About 90 students raise their hands. »Well, that's a good start. Out of those of you who believe in ghosts, do any of you think you've ever seen a ghost?«

About 40 students raise their hands. »That's really good. I'm really glad you take this seriously. Now, has anyone here ever talked to a ghost?«

15 students raise their hands.

»That's a great response. Has anyone here ever touched a ghost?«

3 students raise their hands.

»That's fantastic. But let me ask you one further question. Have any of you ever made love to a ghost?«

At this, one student way in the back raises his hand.

The professor is astonished. He takes off his glasses and takes a step back:

»Son, all the years I've been giving this lecture, no one has ever claimed to have slept with a ghost. You've simply got to come up here and tell us about your experience.«

The student replies with a nod and a grin and begins to make his way up to the podium. As he ambles slowly toward the podium, the professor says: »Well, tell us what it is like to have sex with a ghost!«

The student replies: »Ghost? Oh no! From way back there I thought you said ›goat‹!«